SONGS OF Scotland

Music arranged and processed by Barnes Music Engraving Ltd
East Sussex TN22 4HA, England

Cover design and typesetting by Paul Clark Designs

Published 1995

BA 2lab	CL
BM	CM
BS	HE
ST	

Afton Water

By Robert Burns

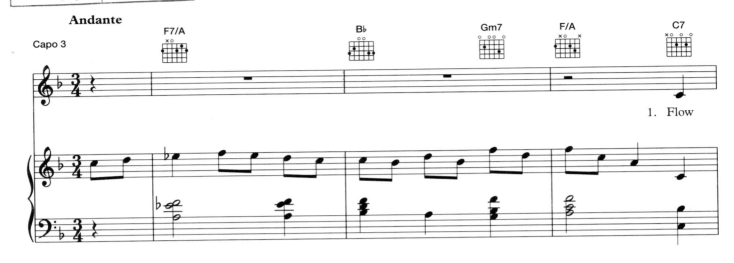

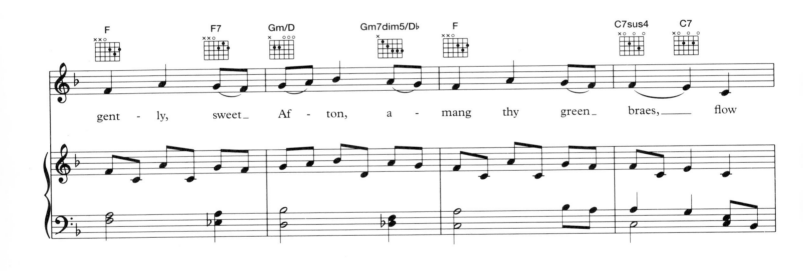

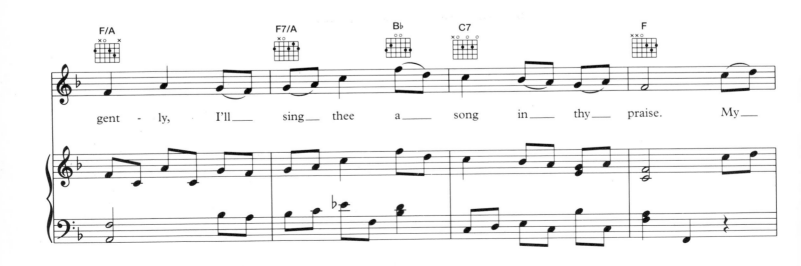

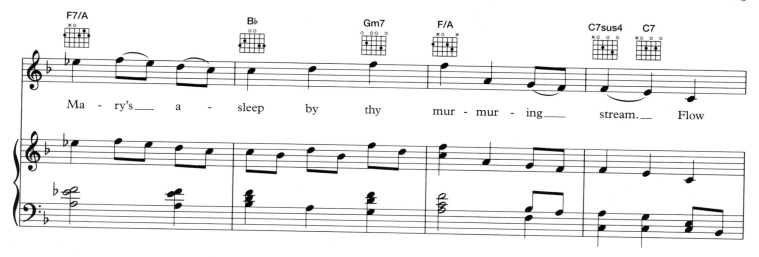

Ma - ry's__ a - sleep by thy mur - mur - ing__ stream.__ Flow

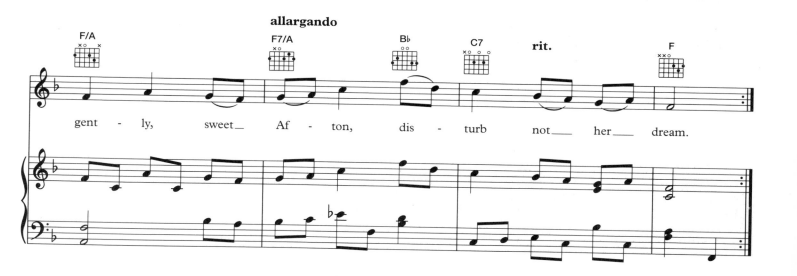

gent - ly, sweet__ Af - ton, dis - turb not__ her__ dream.

2 Thou stock-dove, whose echo resounds thro' the glen
   Ye wild whistling blackbirds in yon thorny den
   Thou green-crested lapwing, thy screaming forbear
   I charge you disturb not my slumbering fair

3 How lofty, sweet Afton, thy neighbouring hills
   Far marked with the courses of clear winding rills
   There daily I wander as morn rises high
   My flocks and my Mary's sweet cot in my eye

4 How pleasant thy banks and green valleys below
   Where wild in the woodlands the primroses blow!
   There oft as mild evening creeps over the lea
   The sweet-scented birk shades my Mary and me

5 Thy crystal stream, Afton, how lovely it glides
   And winds by the cot where my Mary resides!
   How wanton thy waters her snowy feet lave
   As gathering sweet flow'rets she stems thy clear wave!

6 Flow gently, sweet Afton, amang thy green braes
   Flow gently, sweet river, the theme of my lays
   My Mary's asleep by thy murmuring stream
   Flow gently, sweet Afton, disturb not her dream

Annie Laurie

By Lady John Scott

2   Her brow is like the snaw-drift
    Her neck is like the swan
    Her face it is the fairest
    That e'er the sun shone on
    That e'er the sun shone on
    And dark blue is her e'e
    And for bonnie Annie Laurie
    I'd lay me doon and dee

3   Like dew on the gowan lying
    Is the fa' o' her fairy feet
    And like winds in summer sighing
    Her voice is low and sweet
    Her voice is low and sweet
    And she's a' the world to me
    And for bonnie Annie Laurie
    I'd lay me doon and dee

Auld Lang Syne

By Robert Burns

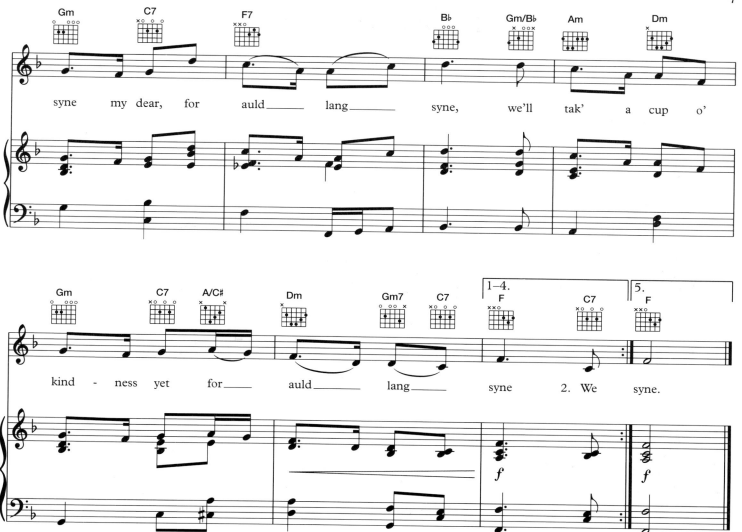

syne   my dear,   for   auld_____   lang_____   syne,   we'll   tak'   a   cup   o'

kind - ness   yet   for_____   auld_____   lang_____   syne   2. We   syne.

2 We twa hae run about the braes
   And pu'd the gowans fine
   But we've wander'd mony a weary foot,
   Sin' auld lang syne
       For auld lang syne my dear
       For auld lang syne
       We'll tak' a cup o' kindness yet
       For auld lang syne

3 We twa hae paidl't in the burn
   Frae morning sun till dine
   But seas between us braid hae roared
   Sin' auld lang syne
       For auld lang syne . . .

4 And there's a hand my trusty frien'
   And gie's a hand o' thine
   And we'll tak' a right gude willy-waught
   For auld lang syne
       For auld lang syne . . .

5 And surely ye'll be your pint stoup
   And surely I'll be mine!
   And we'll tak' a cup o' kindness yet
   For auld lang syne
       For auld lang syne . . .

The Blue Bell Of Scotland

Words by Mrs Grant
Music Traditional

2 Oh where, tell me where did your highland laddie dwell?
  Oh where, tell me where did your highland laddie dwell?
  He dwelt in bonnie Scotland where blooms the sweet blue bell
  And it's oh, in my heart how I love my laddie well

3 Oh what, tell me what if your highland lad be slain?
  Oh what, tell me what if your highland lad be slain?
  Oh no, true love will be his guard and bring him safe again
  For it's oh, my heart would break if my highland lad were slain

The Bonnie Brier Bush

Traditional

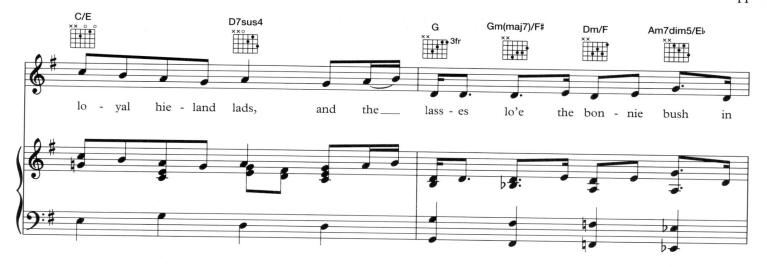

lo - yal hie - land lads, and the___ lass - es lo'e the bon - nie bush in

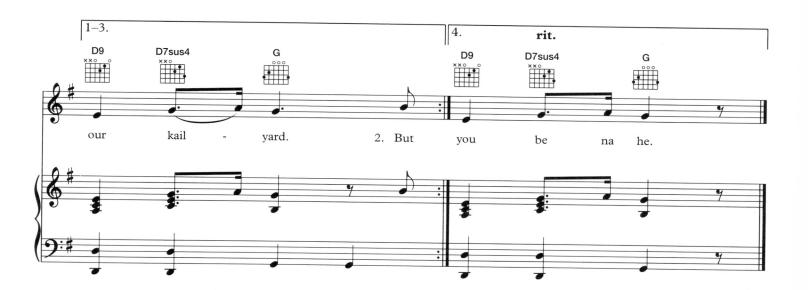

our kail - yard. 2. But you be na he.

2 But were they a' true that were far awa'?
Oh! were they a' true that were far awa'?
They drew up wi' glaiket Englishers at Carlisle ha'
And forgot auld friends when far awa'

3 Ye'll come nae mair, Jamie, where aft ye hae been
Ye'll come nae mair, Jamie, to Athol Green
Ye lo'ed owre weel the dancin' at Carlisle ha'
And forgot the Hieland hills that were far awa'

4 He's comin' frae the north that's to fancy me
He's comin' frae the north that's to fancy me
A feather in his bonnet, and a ribbon at his knee
He's a bonnie Hieland laddie, and you be na he

Bonnie Dundee

By Sir Walter Scott

2   Dundee he is mounted, he rides up the street
      The bells they ring backward, the drums they are beat
      But the provost (douce man) said 'Just e'en let it be
      For the toun is weel rid o' that de'il o' Dundee'
        Come fill up my cup, come fill up my can
        Come saddle my horses and call out my men
        Unhook the West Port and let us gae free
        For it's up with the bonnets o' Bonnie Dundee

3 There are hills beyond Pentland, and lands beyond Forth
    Be there lords in the south, there are chiefs in the north
    There are brave Duinnewassels, three thousand times three
    Will cry 'Hey for the bonnets o' Bonnie Dundee'
      Come fill up my cup, come . . .

4 Then awa' to the hills, to the lea, to the rocks
    Ere I own a usurper, I'll couch with the fox
    And tremble, false whigs, in the midst o' your glee
    Ye hae no seen the last o' my bonnets and me
      Come fill up my cup, come . . .

Bring Back My Bonnie To Me

Traditional

Charlie Is My Darling

By Robert Burns

2 Sae light's he jumped up the stair
   And tirled at the pin
   And wha sae ready as hersel'
   To let the laddie in
      Charlie is my darling
      My darling, my darling
      Charlie is my darling
      The young chevalier

3 He set his Jenny on his knee
   All in his highland dress
   For brawly weel he kend the way
   To please a bonnie lass
      Charlie is my darling . . .

4 It's up yon heathery mountain
   And down yon scraggy glen
   We daurna gang a-milking
   For Charlie and his men
      Charlie is my darling . . .

Dance To Your Daddie

Traditional

Green Grow The Rashes O'

By Robert Burns

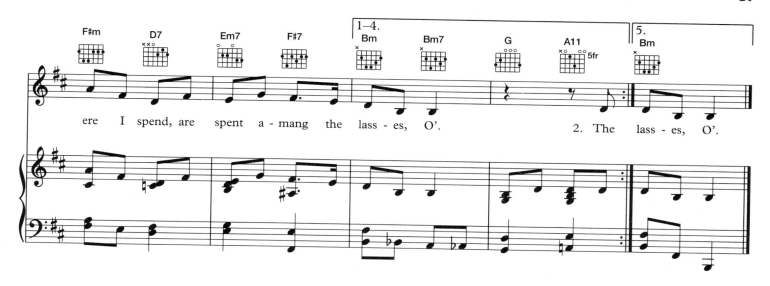

2   The warldly race may riches chase
And riches still may fly them, O'
An' tho' at last they catch them fast
Their hearts can ne'er enjoy them, O'
    Green grow the rashes, O'
    Green grow the rashes, O'
    The sweetest hours that ere I spend
    Are spent amang the lasses, O'

3   Gie me a canny hour at e'en
My arm aboot my dearie, O'
An' war'ly cares an' war'ly men
May a' gae tapsalteerie, O'
    Green grow . . .

4   For ye sae douce, wha sneer at this
Ye're nocht but senseless asses, O'
The wisest man the warl' e'er saw
He dearly lo'ed the lasses, O'
    Green grow . . .

5   Auld nature swears, the lovely dears
Her noblest work she classes, O'
Her 'prentice han' she tried on man
An' then she made the lasses, O'
    Green grow . . .

The Gypsy Rover

Traditional

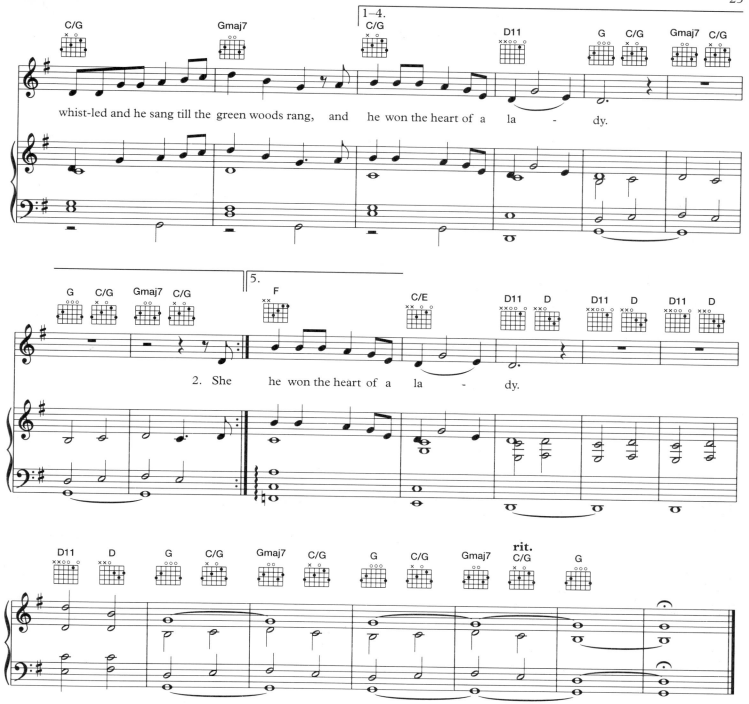

2 She left her father's castle gate
She left her own true lover
She left her servants and her estate
To follow the gypsy rover
   Ah di do, ah di do da day
   Ah di do, ah di day dee
   He whistled and he sang
   Till the green woods rang
   And he won the heart of a lady

3 Her father saddled his fastest steed
Roamed the valley all over
Sought his daughter at great speed
And the whistling gypsy rover
   Ah di do . . .

4 He came at last to a mansion fine
Down by the river Claydie
And there was music and there was wine
For the gypsy and his lady
   Ah di do . . .

5 'He's no gypsy, my father' said she
'My lord of freelands all over
And I will stay till my dying day
With my whistling gypsy rover'
   Ah di do . . .

The Hundred Pipers

By Lady Nairne

a', an' a', wi' a hun-dred pi-pers an' a', an' a', we'll up and gie 'em a blaw, a blaw, wi' a

hun-dred pi-pers an' a', an' a'.

2. Oh! Our

2 Oh! Our sodger lads look'd braw, look'd braw
   Wi' their tartans, kilts, an' a', an' a'
   Wi' their bonnets, an' feathers, an' glitt'ring gear
   An' pibrochs sounding sweet an' clear
   Will they a' return to their ain dear glen?
   Will they a' return – our Hieland men?
   Second-sighted Sandy looked fu' wae
   And mothers grat when they march'd awa'
       Wi' a hundred pipers an' a', an' a'
       Wi' a hundred pipers an' a', an' a'
       But they'll up an' gie 'em a blaw, a blaw
       Wi' a hundred pipers an' a', an' a'

3 Oh! Wha is foremaist o' a', o' a'?
   Oh! Wha does follow the blaw, the blaw?
   Bonnie Charlie, the king o' us a', hurra!
   Wi' his hundred pipers an' a', an' a'!
   His bonnet an' feathers he's waving high!
   His prancing steed maist seems to fly!
   The nor' wind plays with his curly hair
   While the pipers blaw in an unco flare!
       Wi' a hundred pipers an' a', an' a'
       Wi' a hundred pipers an' a', an' a'
       We'll up an' gie 'em a blaw, a blaw
       Wi' a hundred pipers an' a', an' a'

4 The Esk was swollen, sae red, sae deep
   But shouther to shouther the brave lads keep
   Twa thousand swam ower to fell English ground
   An' danc'd themselves dry to the pibroch's sound
   Dumfoundered, the English saw, they saw!
   Dumfoundered they heard the blaw, the blaw!
   Dumfoundered, they a' ran awa', awa'
   Frae the hundred pipers an' a', an' a'!
       Wi' a hundred pipers an' a', an' a'
       Wi' a hundred pipers an' a', an' a'
       We'll up an' gie 'em a blaw, a blaw
       Wi' a hundred pipers an' a', an' a'

Leezie Lindsay

By Robert Allan

Moderately slow

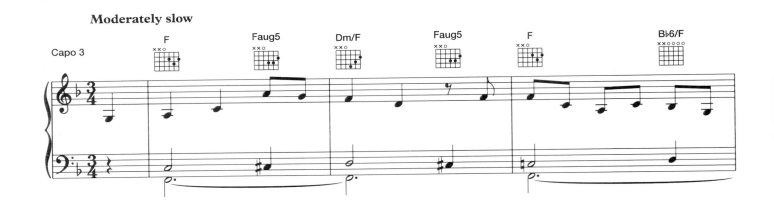

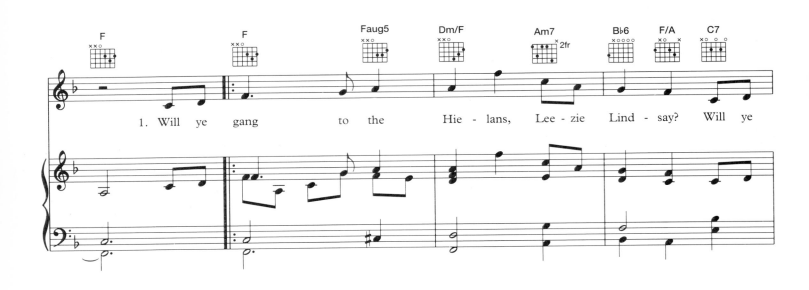

1. Will ye gang to the Hie - lans, Lee - zie Lind - say? Will ye

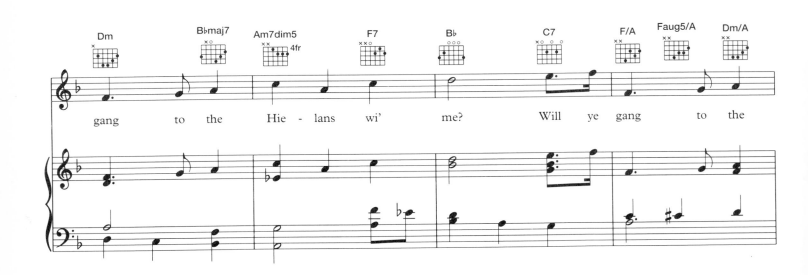

gang to the Hie - lans wi' me? Will ye gang to the

allargando

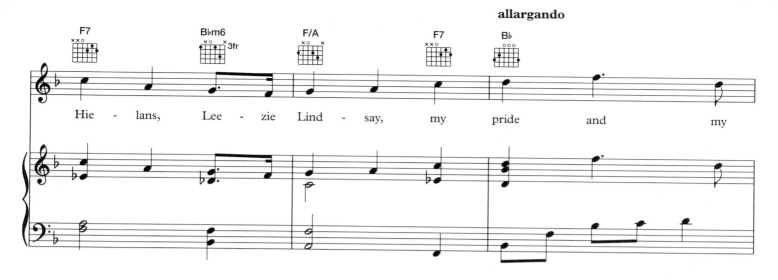

Hie - lans, Lee - zie Lind - say, my pride and my

dar - ling to _____ be?   2. To _____ be.

2 To gang to the Hielans wi' you, sir
  I dinna ken how that may be
  For I ken na' the lan' that ye live in
  Nor ken I the lad I'm gaun wi'

3 O Leezie, lass, ye maun ken little
  If sae be that ye dinna ken me
  My name is Lord Ronald MacDonald
  A chieftain o' high degree

4 She has kilted her coats o' green satin
  She has kilted them up to the knee
  And she's aff wi' Lord Ronald MacDonald
  His bride an' his darlin' to be

Loch Lomond

Traditional

2 'Twas there that we parted in yon shady glen
   On the steep, steep side o' Ben Lomond
   Where in purple hue the Hieland hills we view
   An' the moon comin' out in the gloaming
      Oh! ye'll tak' the high road
      And I'll tak' the low road
      And I'll be in Scotland afore ye
      But I and my true love will never meet again
      On the bonnie bonnie banks of Loch Lomond

3 The wee birdies sing, and the wild flowers spring
   An' in sunshine the waters are sleeping
   But the broken heart, it kens nae second spring
   Tho' the waeful may cease frae their greeting
      Oh! ye'll tak' the . . .

March Of The Cameron Men

By M Campbell

2   Oh! proudly they walk, but each Cameron knows
    He may tread on the heather no more
    But boldly he follows his chief to the field
    Where his laurels were gather'd before
        I hear the Pibroch sounding
        Sounding deep o'er the mountains and glen
        While light springing footsteps are trampling the heath
        'Tis the march of the Cameron men!

3   The moon has arisen, it shines on the path
    Now trod by the gallant and true
    High, high are their hopes, for their chietftain has said
    That whatever men dare they can do
        I hear the Pibroch . . .

My Love Is Like A Red, Red Rose

By Robert Burns

My Love, She's But A Lassie Yet

Traditional

2   Come draw a drap o' the best o't yet
Come draw a drap o' the best o't yet!
Gae seek for pleasure where ye will
But here I never missed it yet
    My love, she's but a lassie yet
    My love, she's but a lassie yet!
    We'll let her stand a year or twa
    She'll no be half sae saucy yet!

3   We're a' dry wi' drinkin' o't
We're a' dry wi' drinkin' o't!
The minister kiss't the fiddler's wife
He couldna preach for thinkin' o't!
    My love, she's but . . .

The Piper O' Dundee

Traditional

2 He played the 'Welcome owre the main'
   And 'Ye'se be fou, an' I'se be fain'
   And 'Auld Stuart's back again'
   Wi' muckle mirth and glee
   He play'd 'The Kirk', he played 'The Queen'
   'The Mullin Dhu', and 'Chevalier'
   And 'Lang awa' but welcome here'
   Sae sweet, sae bonnielie
       An' wasna' he a rogie, a rogie, a rogie
       An' wasna' he a rogie
       The piper o' Dundee?

3 It's some gat swords, an' some gat nane
   An' some were dancin' mad their lane
   An' mony a vow o' weir was ta'en
   That nicht in Amulrie
   There was Tullibardine an' Burleigh
   An' Struan', Keith, an' Ogilvie
   An' brave Carnegie, wha but he
   The piper o' Dundee
       An' wasna' he . . .

Scotland The Brave

Traditional

allargando

Skye Boat Song

Words by Sir Harold Boulton
Music by Annie McLeod

2 Though the waves leap, soft shall ye sleep
   Ocean's a royal bed
   Rocked in the deep, Flora will keep
   Watch by your weary head
       'Speed bonnie boat like a bird on the wing
       Onward' the sailors cry
       'Carry the boy that's born to be king
       Over the sea to Skye'

3 Many's the lad fought on that day
   Well the claymore could wield
   When the night came, silently lay
   Dead on Culloden's field
       'Speed bonnie boat . . .

4 Burned are our homes, exile and death
   Scatter the loyal men
   Yet, e'er the sword cool in the sheath
   Charlie will come again
       'Speed bonnie boat . . .

The Star O' Robbie Burns

Words by James Thomson
Music by James Booth

2 Though he was but a ploughman lad
   And wore the hodden grey
   Auld Scotland's sweetest bards were bred
   Aneath a roof o' strae
   To sweep the strings o' Scotia's lyre
   It needs nae classic lore
   It's mither wit an' native fire
   That warms the bosom's care
       Let kings and courtiers rise and fa'
       This world has mony turns
       But brightly beams aboon them a'
       The star o' Robbie Burns
       Let kings and courtiers rise and fa'
       This world has mony turns
       But brightly beams aboon them a'
       The star o' Robbie Burns

3 On fame's emblazon'd page enshrin'd
   His name is foremost now
   And many a costly wreath's been twined
   To grace his honest brow
   And Scotland's heart expands wi' joy
   Where'er the day returns
   That gave the world its peasant boy
   Immortal Robbie Burns
       Let kings and courtiers . . .

Will Ye No Come Back Again?

By Lady Nairne

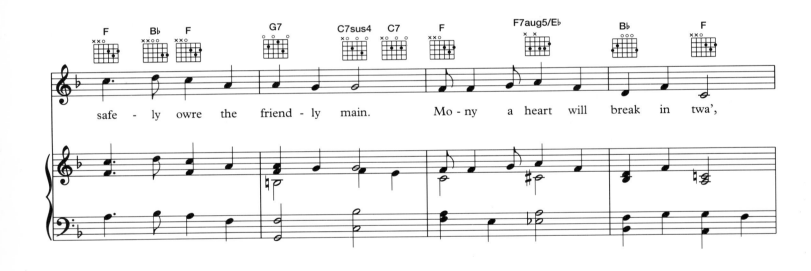

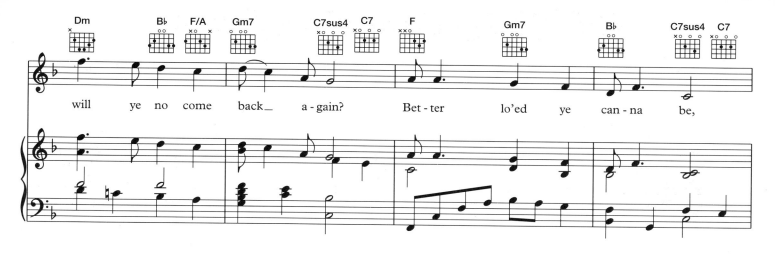

will ye no come back a-gain? Bet-ter lo'ed ye can-na be,

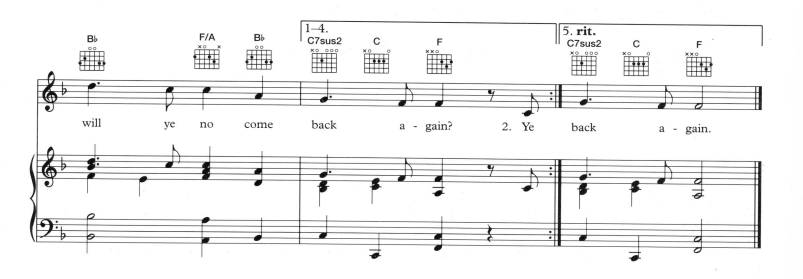

will ye no come back a-gain? 2. Ye back a-gain.

2   Ye trusted in your Hieland men
    They trusted you, dear Charlie!
    They kent your hiding in the glen
    Death or exile braving
        Will ye no come back again?
        Will ye no come back again?
        Better lo'ed ye canna be
        Will ye no come back again?

3   English bribes were a' in vain
    Tho' puir and puirer we maun be
    Siller canna buy the heart
    That beats aye for thine and thee
        Will ye no come back . . .

4   We watched thee in the gloaming hour
    We watched thee in the morning grey
    Tho' thirty thousand pound they gie
    Oh, there is nane that wad betray!
        Will ye no come back . . .

5   Sweet's the laverock's note and lang
    Lilting wildly up the glen
    But aye to me he sings ae sang
    'Will ye no come back again?'
        Will ye no come back . . .

Ye Banks And Braes

By Robert Burns

fu'_____ o' care? Ye'll break my heart,___ ye warb - ling birds,___ that
sang_____ o' mine. Wi' light - some heart,___ I stretched my hand,___ and

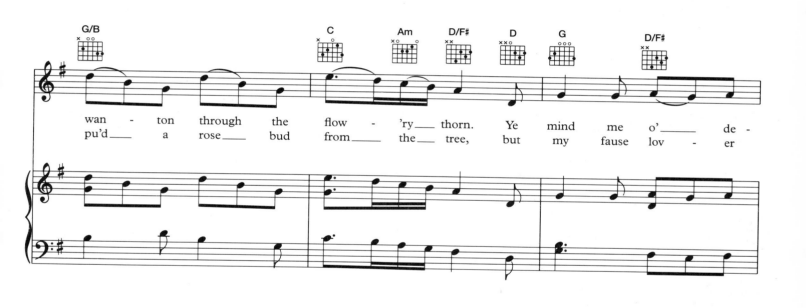

wan - ton through the flow - 'ry___ thorn. Ye mind me o'_____ de -
pu'd___ a rose___ bud from_____ the___ tree, but my fause lov - er

-part - ed joys,___ de - part - ed ne - ver to___ re - turn. 2. Oft thorn_ wi' me.
stole___ the rose,___ and left,___ and left___ the

Printed in England
Panda Press · Haverhill · Suffolk · 7/95